Dicas de Como Falar em Público

Dicas de Como Falar em Público

Reginaldo Barbosa

2020

reginaldobarbosajr@gmail.com

www.**reginaldobarbosa**.com

Sumário

Prefácio

As pesquisas comprovam: 60% dos brasileiros têm dificuldade de se expor e falar em público. Portanto, quem fala bem e não tem medo, já ganha um diferencial importante na carreira e nos processos de seleção para empregos, na vida política ou religiosa.

Um livro recheado de dicas, macetes e técnicas interessantes, usadas por grandes oradores de todo o mundo. Numa linguagem simples e objetiva, este livro é indicado para as mais diversas áreas de atuação tais como: Advogados, políticos, jornalistas, líderes religiosos, conferencistas, professores, entre outros.

Falar bem em público é uma técnica que todos nós precisamos aprender. Algumas escolas incentivam seus alunos, pedindo-lhes que eles apresentem seus trabalhos para toda a classe. É falsa a ideia de que somente jornalistas, advogados, líderes religiosos, vendedores e políticos sejam os que precisam saber falar em público. Todo mundo precisa. Se você souber se expressar corretamente na frente de uma assistência, mesmo que seja de uma única pessoa, você será levado mais a sério. Vença os obstáculos como: Palestras, simpósios, debates e reuniões de diretoria.

Todos precisam falar bem para: Apresentar um projeto, vender um produto, defender uma ideia, participar de uma reunião.

Dicas de Como Falar em público ensina como falar melhor, com formas simples de controlar o nervosismo, superar o medo e lidar bem com imprevistos. Você vai aprender: Passo-a-passo para se fazer uma boa apresentação; como conhecer seu público alvo; quais os erros a evitar e as precauções a tomar; como se portar ao falar, tirando maior proveito da linguagem corporal; dentre outras técnicas...!

1. Oratória e homilética, significado dos termos

A história tem nos mostrado homens fantásticos capazes de afluir multidões e levar adiante de si uma geração de seguidores simplesmente com o poder da palavra. A palavra tem poder. Uma palavra empregada no tempo certo, na medida certa e na hora certa, muda a história. Com apenas uma palavra todo o nosso universo foi criado. Com apenas uma palavra, reinos foram subjugados. Com apenas uma palavra guerras foram desfeitas. Com apenas uma palavra, homens mudaram a história do mundo. Homens que tinham "Um sonho". Homens que fizeram uso da oratória para alcançar seus ideais.

Tanto a oratória quanto a homilética, lida com a palavra ou a arte de falar em público.
Vemos vários conceitos quando buscamos referências sobre falar em público. Um termo em especial provoca nossa curiosidade: Qual a diferencia entre a Oratória e a Homilética?

a) Oratória
Trata-se de método de discurso, da arte de como falar em público ou o conjunto de regras e técnicas que permitem apurar as qualidades pessoais de quem se destina a falar em público.
Na Grécia Antiga, e mesmo em Roma, a oratória era estudada como componente da retórica (ou seja, composição e apresentação de discursos), e era considerada uma importante habilidade na vida pública e privada. Aristóteles e Quintiliano estão entre os mais conhecidos autores sobre o tema na antiguidade. Um profissional com um certo carisma pessoal e que domina as técnicas e dicas de oratória – normalmente realiza

apresentações atraentes, dinâmicas e elucidativas. O grande comunicador descobriu sua maneira de se expressar e adquiriu dicas e técnicas de oratória. A maioria ainda possui a oratória antiga como referência que se caracterizava pela pronúncia de palavras rebuscadas e o comportamento extremamente formal com o público. A oratória moderna está mais próxima da arte de uma conversa bem articulada com o auditório.

b) Homilética

Homilia é uma preleção dada por um sacerdote no decorrer de um serviço religioso. A homilia tem a função de explicitar a fé e o significado dos vários elementos da religião. Na prática, a homilia deve ser uma "conversa familiar" do homiliasta com o seu auditório. O termo Homilética é derivado do Grego "HOMILOS" o que significa, multidão assembléia do povo, derivando assim outro termo, "HOMILIA" ou pequeno discurso do verbo "OMILEU" conversar. O termo Grego "HOMILIA" significa um discurso com a finalidade de convencer e agregar. Portanto, Homilética significa "A arte de pregar um discurso religioso".

A arte de falar em público nasceu na Grécia antiga com o nome de Retórica. O cristianismo porém, passou a usar esta arte como um meio de expor suas pregações religiosas. E então, ao raiar do século XVII, passou a ser chamada de Homilética.

2.   Técnicas de oratória e homilética

Falar em público é uma arte que todos podem aprender. Com um pouco esforço e empenho, você poderá discursar para multidões com facilidade e desenvoltura. Veja como pode ser simples planejar e fazer apresentações de sucesso. Este manual é dedicado para quem pretende aprender a arte de falar em público e é ideal para: Empresários, advogados, políticos, pregadores, professores, alunos, entre outras áreas de atuação.

Sempre quando estou palestrando, muitos me perguntam sobre quais as melhores técnicas de oratória. A verdade é que não existe uma fórmula mágica para ser um bom orador. O que existe são um conjunto de regras que aliada à sua habilidade mental e coordenação irá ajudá-lo a falar em público com segurança e desembaraço. Vejamos algumas:

a) Seja natural.

A naturalidade pode ser considerada a melhor regra da boa comunicação. Se você cometer alguns erros técnicos durante uma apresentação em público, mas comportar-se de maneira natural e espontânea tenha certeza de que os ouvintes ainda poderão acreditar nas suas palavras e aceitar bem a mensagem. Entretanto, se usar técnicas de comunicação, mas apresentar-se de forma artificial, a platéia poderá duvidar das suas intenções.

A técnica será útil quando preservar suas características e respeitar seu estilo de comunicação. Apresentando-se com naturalidade, irá se sentir seguro confiante e suas apresentações serão mais eficientes.

b) Não confie na memória.

Algumas pessoas memorizam suas apresentações palavra por palavra imaginando que assim se sentirão mais confiantes. A experiência demonstra que, de maneira geral, o resultado acaba sendo muito diferente. Se você se esquecer de uma palavra importante na ligação de duas idéias, talvez se sinta desestabilizado e inseguro para continuar. O pior é que ao decorar uma apresentação você poderá não se preparar psicologicamente para falar de improviso e ao não encontrar a informação de que necessita, ficará sem saber como contornar o problema.

Use um roteiro com as principais etapas da exposição e frases que contenham idéias completas. Assim, diante da platéia, leia a frase e a seguir comente a informação, ampliando, criticando, comparando, discutindo, até que essa parte da mensagem se esgote. Depois, leia a próxima frase e faça outros comentários apropriados à nova informação, estabeleça outras comparações, introduza observações diferentes até concluir essa etapa do raciocínio. Aja assim até encerrar a apresentação.

Uma grande vantagem desse recurso é que você se sentirá seguro por ter um roteiro com toda a seqüência da apresentação, ao mesmo tempo que terá a liberdade para desenvolver o raciocínio diante do público. Se a sua apresentação for mais simples poderá recorrer a um cartão de notas, uma cartolina mais ou menos do tamanho da palma da mão, que deverá conter as palavras-chave, números, datas, cifras, e todas as informações que possam mostrar a seqüência das idéias. Com esse recurso você bate os olhos nas palavras que estão no cartão e vai se certificando que a seqüência planejada está sendo seguida.

c) Use uma linguagem correta

Uma escorregadela na gramática aqui, outra ali, talvez não chegue a prejudicar sua apresentação. Afinal, quem nunca comete erros gramaticais que atire a primeira pedra. Entretanto, alguns erros grosseiros poderão prejudicar a sua imagem e a da instituição que estiver representando. Tenho relacionado alguns erros comuns cometidos até por aqueles que ocupam posições hierárquicas importantes e sinto que as platéias que os ouvem duvidam da formação e da competência de quem os comete. Os mais graves são: "fazem tantos anos", "menas", "a nível de", "somos em seis", "meia tola", entre outros. Mesmo que você tenha uma boa formação intelectual, sempre valerá à pena fazer uma revisão gramatical, principalmente quanto à conjugação verbal e às concordâncias.

d) Saiba quem são os ouvintes

Se você fizer a mesma apresentação diante de platéias diferentes talvez até possa ter sucesso, mas por acaso, a previsão, entretanto, é que não atinja os objetivos pretendidos.

Cada público possui características e expectativas próprias, e que precisam ser consideradas em uma apresentação. Procure saber qual é o nível intelectual das pessoas, até que ponto conhecem o assunto e a faixa etária predominante dos ouvintes. Assim, poderá se preparar de maneira mais conveniente e com maiores chances de se apresentar bem.

e) Tenha começo meio e fim

Guarde essa regrinha simples e muito útil para organizar uma apresentação: Anuncie o que vai falar, fale e conte sobre o que falou. Depois de cumprimentar os ouvintes e conquistá-los com elogios sinceros, ou mostrando os benefícios da mensagem, conte qual o tema que irá abordar.

Ao anunciar qual o assunto que irá desenvolver, a plateia acompanhará seu raciocínio com mais facilidade, porque saberá aonde deseja chegar.

Em seguida, transmita a mensagem, sempre facilitando o entendimento dos ouvintes. Se, por exemplo, deseja apresentar a solução para um problema, diga antes qual é o problema. Se pretende falar de uma informação atual, esclareça inicialmente como tudo ocorreu até que a informação nova surgisse. Use toda argumentação disponível: pesquisas, estatísticas, exemplos, comparações, estudos técnicos e científicos, etc.

Se, eventualmente, perceber que os ouvintes apresentam algum tipo de resistência, defenda os argumentos refutando essas objeções.

Finalmente, depois de expor os argumentos e defendê-los da resistência dos ouvintes, diga qual foi o assunto abordado para que a plateia possa guardar melhor a mensagem principal.

f) Tenha uma postura correta

Evite os excessos, inclusive das regras que orientam sobre postura. Alguns, com o intuito de corrigir erros, partem para os extremos e condenam até atitudes que, em determinadas circunstâncias, são naturais e corretas.

Assim, cuidado com o "não faça", "não pode", "está errado" e outras afirmações semelhantes. Prefira seguir sugestões que dizem "evite", "desaconselhável", "não é recomendável", e outras que se pareçam com essas. Evite também apoiar-se apenas sobre uma das pernas e procure não as deixar muito abertas ou fechadas. É importante que se movimente diante dos ouvintes para que realimentem a atenção, mas esteja certo de que o movimento tem algum objetivo, como por exemplo, destacar uma informação, reconquistar parcela do auditório que está desatenta, etc. caso contrário é preferível que fique parado.

Cuidado com a falta de gestos, mas seja mais cauteloso ainda com o excesso de gesticulação.

Procure falar olhando para todas as pessoas da plateia, girando o tronco e a cabeça com calma, hora para a esquerda, hora para a direita, para valorizar e prestigiar a presença dos ouvintes, saber como se comportam diante da exposição e dar maleabilidade ao corpo, proporcionando, assim, uma postura mais natural.

O semblante é um dos aspectos mais importantes da expressão corporal, por isso dê atenção especial a ele. Verifique se ele está expressivo e coerente com o sentimento transmitido pelas palavras. Por exemplo, não demonstre tristeza quando falar algo que contenha alegria.

Evite falar com as mãos nos bolsos, com os braços cruzados ou nas costas. Também não é recomendável ficar esfregando as mãos, principalmente no início, para não passar a ideia de que está inseguro ou hesitante.

g) Seja bem-humorado

Nenhum estudo comprovou que o bom-humor consegue convencer ou persuadir os ouvintes. Se isso ocorresse os humoristas seriam sempre irresistíveis. Entretanto, é óbvio que um orador bem-humorado consegue manter a atenção dos ouvintes com mais facilidade.

Se o assunto permitir e o ambiente for favorável, use sua presença de espírito para tornar a apresentação mais leve, descontraída e interessante. Cuidado, entretanto, para não exagerar, pois o orador que fica o tempo todo fazendo gracinhas pode perder a credibilidade.

h) Prepare-se para falar

Assim como você não iria para a guerra municiado apenas com balas suficientes para acertar o número exato de inimigos entrincheirados, também para falar não deverá se abastecer com conteúdo que atenda apenas ao tempo determinado para a apresentação. Saiba o máximo que puder sobre a matéria que irá expor, isto é, se tiver de falar 15 minutos, saiba o suficiente para discorrer pelo menos 30 minutos.

Não se contente apenas em se preparar sobre o conteúdo, treine também a forma de exposição. Faça exercícios falando sozinho na frente do espelho, ou se tiver condições, diante de uma câmera de vídeo. Atenção para essa dica – embora esse treinamento sugerido dê fluência e ritmo à apresentação, de maneira geral, não dá naturalidade. Para que a fala atinja bom nível de espontaneidade fale com pessoas. Reúna um grupo de amigos, familiares ou colegas de trabalho, ou de classe, e converse bastante sobre o assunto que irá expor.

Acredite, se conseguir falar de maneira semelhante na frente da plateia será um sucesso.

i) Use recursos audiovisuais

Esse estudo é impressionante – se apresentar a mensagem apenas verbalmente, depois de três dias os ouvintes irão se lembrar de 10% do que falou. Se, entretanto, expuser o assunto verbalmente, mas com auxílio de um recurso visual, depois do mesmo período, as pessoas se lembrarão de 65% do que foi transmitido. Mais uma vez, tome cuidado com os excessos. Um bom visual deverá atender a três grandes objetivos: destacar as informações importantes, facilitar o acompanhamento do raciocínio e fazer com que os ouvintes se lembrem das informações por tempo mais prolongado. Observe sempre se o seu uso é mesmo necessário. Faça visuais com letras de um tamanho que todos possam ler. Projete apenas a essência da mensagem em poucas palavras. Apresente números em forma de gráficos. Use cores contrastantes, mas sem excesso.

j) Fale com emoção

Fale sempre com energia, entusiasmo e emoção. Se nós não demonstrarmos interesse e envolvimento pelo assunto que estamos abordando, como é que poderemos pretender que os ouvintes se interessem pela mensagem?

A emoção do orador tem influência determinante no processo de conquista dos ouvintes. Nunca se esqueça disso.

3.   Como vencer o medo de falar em público

É grande a quantidade de pessoas que sentem dificuldades em controlar o seu medo diante de um auditório. Com isso alguém perguntará: Como controlar o medo diante de um público? Qual o segredo para um discurso de sucesso? Quero salientar que não existe uma fórmula milagrosa para vencer o medo de falar em público, mas uma série de recomendações que em conjunto o ajudarão neste sentido. Vejamos:

a) Domine o assunto sobre o qual irá falar.

Se não você não dominar totalmente o assunto, use roteiros simplificados e projeções. Não abuse destes recursos para não evidenciar falta de preparo. Procure saber mais do que irá expor. Imagine as perguntas que a plateia possivelmente poderá fazer. Estude as possíveis respostas. Reduza toda a possibilidade de risco de se perder, esquecer ou confundir o assunto.

b) Pratique o que vai falar.

O ensaio é importante para quem vai falar e pretende fazer uma boa apresentação. Organize uma sequência ideal para falar. Treine em casa e no local um pouco antes da apresentação. Já ouvi falar de vários oradores renomados que costumavam treinar seus discursos diante do espelho. E se você não for um desses, precisará treinar ainda mais.

c) Procure se conhecer.

Saiba como as pessoas o veem. Se possível use um gravador: se familiarizará com o volume da sua voz, pronúncia, velocidade e outros aspectos dela. Faça gravações com textos diferentes. Poderá se ver sorrindo, sério, irritado etc. Verifique suas falhas de comunicação, mas se esforce também para identificar os aspectos positivos. Gere a autoconfiança que precisa. O autoconhecimento permite que a pessoa saiba quem é, como os outros o veem e ouvem. Em geral a imagem que fazemos de nós mesmo é pior do que aquela que os outros de fato observam. Com o autoconhecimento você não terá dúvidas sobre sua capacidade.

d) Faça contatos com os ouvintes antes de falar.

Funciona como quebra-gelo. Você ficará mais à vontade por não ter de lidar com ouvintes totalmente estranhos. Cumprimente os ouvintes logo na entrada do auditório. Converse com eles, sorria, mostre-se familiarizado com o seu público.

e) Use todas as oportunidades para falar em público.

Para que possa se acostumar com a ideia de estar diante de públicos, é de suma importância tirar proveito de todas as oportunidades. Por exemplo:

Nas reuniões de condomínio, na empresa em que trabalha, no clube, no templo religioso, na sala de aula. Enfim, em qualquer lugar que haja público, você poderá praticar mais e ganhar confiança. Quanto mais apresentações você fizer, melhor se sairá nas próximas. Aos poucos você mesmo perceberá que está ficando melhor a cada dia.

f) Não elimine totalmente seu medo, controle-os.

O que precisa ser combatido é o medo excessivo e descontrolado. Oradores experientes são eficientes porque controlam o medo, não porque eliminam. Sempre haverá algo desconhecido que nos deixa com receio. Isto é positivo porque nos mantêm atentos. Uma pessoa totalmente segura, despreocupada, correrá o risco de se tornar negligente ou arrogante. Trabalhe para controlar o seu medo, não para eliminá-lo.

g) Transforme nervosismo em entusiasmo.

O nervosismo quando controlado ajuda o orador a ser mais produtivo diante do público. Aproveite esta energia nervosa e canalize-a para a fala, colocando emoção nas palavras e dar vida ao discurso. A adrenalina e a emoção são duas coisas inteiramente ligadas. Faça-as trabalharem em sintonia, não uma contra a outra. O entusiasmo pode ser transmitido pela voz, gestos e sorriso. O entusiasmo ajuda conquistar o público. Já tive a oportunidade de falar para vários tipos de auditório, tanto para leigos, quanto para cultos, tanto profissional quanto religioso. E em quase todos os casos eu usei o entusiasmo ao meu favor. E pasme – Funciona!

h) Imagine sempre o sucesso do discurso.

É comum produzirmos acontecimento futuros negativos, tais como: "vou dar vexame", "ficarei nervoso" entre outros. Tais pensamentos limitam o potencial de comunicação e a "profecia" muitas vezes se realiza. De tanto você pensar que vai dar errado, você se condiciona a isso, sua mente bloqueia, seu psicológico cai, então acaba acontecendo. Sugiro substituir cenas desastrosas por vencedoras: aplausos, elogios da audiência, etc. Pense no tempo que você gastou preparando-se. Lembre-se também que mesmo preparado todos ficam nervosos, isso é normal. Simplesmente mantenha o controle da situação, "desligue" um pouco os nervos e visualize fazendo um grande discurso de sucesso.

i) Desenvolva sua autoestima.

A extinção das ideias negativas que fazemos sobre nós mesmos ocorre quando condicionamos a mente com pensamentos construtivos. Você precisa estimular ideias positivas a seu próprio respeito, não de maneira orgulhosa, mas de maneira coerente. Repita isso sempre antes de iniciar um discurso. Sua autoestima se elevará, ficando mais fácil de lidar com situações difíceis.

j) Veja você como pessoa normal.

Ter medo de falar em público é a coisa mais natural do mundo e está entre os primeiros lugares nos tipos de medo que sentimos. Pensar que você é alguém normal, azarado, inferior, sem talento para falar em público, só irá agravar a situação. A maioria das pessoas tem medo de falar em público, não há problema algum em termos medo, basta apenas que possamos regulá-los.

Mesmo com a experiência que adquiri através de alguns anos, ainda hoje tremo e sinto os joelhos baterem um no outro pelo menos no início de um discurso. Até mesmo renomados oradores afirmaram se sentirem desconfortáveis diante de um público, no começo de seus discursos. No entanto, só depois pode-se perceber o tipo de impacto que seus discursos causaram.

k) Falar para um público deve ser encarado como uma honra.

São poucas as pessoas que têm condições e a oportunidade de falar para uma plateia. Se você é uma pessoa privilegiada, aproveite deste princípio e invista toda sua energia para preparar um ótimo discurso. Pois, possivelmente fará isso por muitos anos de sua vida. Recompense seu público por conceder-lhe o privilégio de poder falar-lhes.

l) Pense menos nos seus problemas e mais no seu público.

O público quer ouvi-lo e merece a sua atenção. Pare de pensar em seus problemas. Pense naqueles que deixaram suas casas, trabalho e foram ouvir você. O público quer ver um discurso ou uma apresentação bem-sucedida. Para o auditório, o que lhes interessa é o que você está falando, não o que você está sentindo. Agarre-se à esta ideia e siga em frente. Você é a pessoa do momento. A plateia é toda sua. Portanto, vá lá e dê o recado.

m) Desperte suas habilidades.

Bons oradores se fazem através de muito trabalho e treinamento. Em qualquer atividade, pessoas aprendem mais facilmente que outras, mas todas podem exercê-la com sucesso e isto em qualquer área. Os melhores artistas, oradores, atletas, cientistas vencem porque treinam bastante e são disciplinados. Exercite-se muito!

n) Até mesmo os mais renomados oradores ficam nervosos.

Fazer uma palestra ou discursar não é uma tarefa comum. Você enfrenta situações diversas, algumas até sem a possibilidade de obter total controle, o que provoca tensão, expectativas e nervosismo. Por isso não espere ficar totalmente relaxado. Frequentemente você percebe ou escuta um profissional da televisão dizer que fica nervoso quando fala em público.

o) Nunca revele o seu nervosismo para o público.

Só você sabe que está nervoso. Evite ter que revelar o seu nervosismo para o público. Raramente demonstramos o quanto estamos nervosos. Sempre que dou palestras sobre oratória costumo pedir aos alunos que deem uma nota para o grau de nervosismo para o colega que se apresenta. Observo que sempre as notas são inferiores às que o aluno imaginou para ele mesmo. Uma coisa é o que você sente, outra o que transmite e fica visível para o auditório. Se o público não nota o seu grau de nervosismo, vá em frente e faça a apresentação.

p) Mantenha tudo em ordem.

O medo que algo dê errado durante a apresentação pode deixar você nervoso por antecipação. Para isso, certifique-se que todo o material de apoio, o esboço e os recursos audiovisuais estejam em ordem. A organização completa traz a segurança de que tudo vai dar certo. Faça uma lista de verificação e use-as a fim de prepara-se para a palestra. Assim poderá se concentrar mais em sua própria apresentação.

q) Respiração adequada.

Ciclo completo: **Inspire** pelo nariz contando quatro segundos, **segure** durante quatro segundos, **expire** pela boca durante quatro segundos. Repita o ciclo cerca de dez vezes ou mais. Procure um local isolado. Nunca respire de forma apressada e seguidamente. Poderá sentir tonturas.

r) Relaxamento.

Isole-se numa sala para relaxar, antes de iniciar a palestra. Desligue-se. Faça alongamento. Exercícios simples ajudarão você a reduzir a tensão e ganhar mais controle sobre o corpo.

4. Cinco regras básicas para um bom orador

Falar em público é uma atividade cada vez mais corriqueira para empresários, executivos, profissionais liberais, líderes religiosos, professores, alunos, políticos, jornalistas, administradores, consultores, vendedores, palestrantes e o cidadão comum.

Seja em uma ocasião solene ou em uma reunião de condomínio ou da faculdade, falar em público requer alguns cuidados especiais.

Aponto abaixo cinco dicas úteis para quem precisa falar em público e quer causar uma boa impressão. As dicas não estão em ordem de importância e muito menos são suficientes para uma boa apresentação, mas ajudam a quem está começando ou aprimorar quem já realiza apresentações no cotidiano.

a) Saiba para quem você vai falar.

Quanto mais informações sobre seu público melhor. Tem pessoas que se sentem mais a vontade de falar para gente conhecida. Outros preferem o contrário. O importante é que esta informação poderá fazer com você ajuste sua linguagem, forma de apresentação, exemplos, etc. Imagine fazer uma apresentação para um grupo de crianças falando como se estivesse diante de adultos.

b) Informe-se sobre o local.

Tão importante quanto o item anterior, saber como é o local onde fará sua apresentação ajuda a adequar o uso de recursos, vestimenta, atividades etc. Você já viu pessoas que não sabem falar atrás de um púlpito? Espaço pequeno ou grande? Dá para se movimentar ou tem que ficar parado? Há diversas possibilidades e quanto mais você souber.

c) Saiba o que vai falar.

Um bom conteúdo é fundamental para uma apresentação de sucesso. Prepare-se pesquisando, estudando, aprimorando o conhecimento sobre o que irá falar. Há aqueles que acreditam que o improviso é o mais importante. Errado. O improviso deve ser o último recurso. Mesmo para improvisar é preciso ter preparo, conhecimento, bagagem. O improviso pode tornar uma apresentação rasa e desinteressar o público.

d) Use o humor corretamente.

Usar humor de forma adequada torna uma apresentação leve, agradável. Humor não significa contar piada ou fazer as pessoas rirem o tempo todo. Aqueles que tentam fazer graça com frequência acabam tornando a apresentação fútil e podem ser inoportunos. Ajuste esta característica para cada público, como já foi comentado na primeira dica.

e) Treine, treine, treine.

Não há apresentação de sucesso que aconteça sem algum preparo anterior. Por isso, aproveite todas as oportunidades que tiver de falar em público para se expressar. Tome cuidado para não exagerar, mas treine antes diante de um espelho ou sozinho (a). Treine com uma pessoa assistindo e opinando. Faça cursos de aprimoramento e treine, treine, treine.

5. Como manter-se atualizado?

Provavelmente muitos oradores não irão se identificar muito com este exercício, especialmente pela guerra existente entre "discurso" e "palestra", sendo que os oradores fazem parte destes grupos de meios sociais que se encontram em grande crescimento. Embora eu considere que de fato um discurso é muito diferente de uma palestra, acredito que existem muitos princípios que são semelhantes e importantes de reter.

Em minha opinião existem várias formas de colocar este exercício em prática. Não tenho nenhum método sensacional quando executo tarefas como esta, mas vejamos algumas das soluções que poderá pôr em prática:

- Disponibilize uma hora do seu tempo num local onde preferencialmente ninguém o incomode. Eu geralmente faço-o durante a leitura noturna, em plena paz e sossego. Um café é também uma boa solução.
- Leve consigo uma caneta, um bloco de notas, revista, jornal, livro, etc.
- Não leia por enquanto a sua fonte de informação, seja ela revista, jornal ou outro, procure apenas retirar notas daquilo que aparentemente lhe parece importante e relevante.
- Depois de passar uma primeira vista de olhos no material, anote tudo aquilo que considerar relevante e cativante numa primeira leitura por alto, sejam títulos, fotos, destaques, citações, ou outro componente qualquer. Tudo aquilo que chamar a sua atenção numa primeira vista é importante.

Depois de terminar este primeiro exercício, é importante realizar um segundo, desta feita lendo sua fonte de informação. Consuma os conteúdos internos por completo. Durante esse exercício procure realizar algumas questões:

- Qual é o impacto que este assunto fará em meus ouvintes?
- Qual a razão para que as pessoas se interessem pelo assunto?
- Qual a razão para você passar por cima de outros assuntos?
- Que relação tem este assunto com o público alvo?
- Quais são os prós e contras desta mensagem? De que forma você a poderia melhorar?

À medida que vai consumindo sua fonte de informação, retire notas de tudo que considerar relevantes e interessantes. Obviamente que o exercício de hoje não tem como objetivo criar uma regra em relação ao método de se manter atualizado, mas apenas recolher dados e informação que possa vir a ser crucial no desenvolvimento do seu discurso.

6. Como administrar o tempo

É uma pergunta que já há algum tempo escuto das mais diversas pessoas, líderes ou liderados. O tempo é um recurso muito limitado e precisa ser muito bem administrado. Alguém já afirmou que tempo perdido não se recupera, visto que, para recuperar o tempo que se perdeu (fazer as coisas que deveriam ter sido feitas), você acaba perdendo um tempo que poderia ser investido em novas realizações.

Família, trabalho, convites e viagens para eventos, vida acadêmica (aulas, trabalhos etc.), atividade física, lazer, vida devocional, leituras, blogagens etc., como conciliar tudo isso, sem incorrer no risco de uma alta carga de estresse, numa má qualidade de vida, ou no comprometimento do desempenho e da excelência dos resultados profissionais e pessoais? Segue abaixo algumas dicas que até então estão me servindo, e que poderão lhe servir também:

1. Planeje a sua vida.
Milhares de pessoas vivem sem planejamento pessoal algum. Planejar significa saber o que você deseja fazer no futuro e como o fará. Você já fez o planejamento de como será a sua semana? As atividades de amanhã já estão devidamente planejadas? Definitivamente, não dá para otimizar, aproveitar, ou organizar o tempo sem um planejamento, sem pensar calmamente e detalhadamente nas realizações antes da execução das mesmas.

2. Escreva o que planejou.
Nossa memória não é muito confiável. Utilize uma agenda para escrever o seu planejamento anual, mensal, semanal e diário de atividades;

3. Selecione e priorize as ações.
Nossas atividades deverão ser selecionadas e listadas por ordem de prioridade. As coisas mais importantes deverão vir primeiro, sendo seguidas pelas menos importantes. Dê um lugar e uma atenção especial para a sua família e para o cuidado consigo mesmo (saúde, formação, vida espiritual, etc.) Cuidar das coisas ou dos outros, sem se preocupar com o seu bem-estar pessoal e com a sua família não é uma atitude prudente. Lembre-se que as pessoas devem vir antes das coisas, as coisas espirituais antes das materiais.

4. Evite a procrastinação.
Não "empurre com a barriga" as coisas prioritárias e os demais compromissos. Quando por qualquer motivo você não conseguir realizar uma tarefa dentro dos prazos estabelecidos, trate imediatamente de reagendar a atividade. Quanto mais importante, mais breve deverá ser o novo agendamento ou prazo.

5. Não assuma compromissos além de suas reais possibilidades.
Não tente "abraçar os céus com as mãos". Conheça os seus limites. Aprenda a dizer "desculpe, mas infelizmente, no momento, não poderei lhe atender". Quando muito sufocado por tarefas e atribuições, converse francamente e diligentemente com o seu líder sobre o assunto. Não é a quantidade do que se faz, mas a qualidade com que se faz que é mais

importante. Quantidade sem qualidade, mais cedo ou mais tarde resultará em fracasso, em falência, em insucesso pessoal, profissional ou ministerial;

6. Delegue as tarefas de menor importância.

Não se detenha naquilo que outros poderão fazer em seu lugar. Há pessoas que poderão realizar o trabalho, inclusive melhor do que você. Foque em ações mais relevantes, que resultarão num bem maior para as pessoas envolvidas e para a obra como um todo.

7. Seja disciplinado e prudente.

 Procure dormir e descansar o suficiente, cumprir os horários e os prazos estabelecidos. Quando tiver, por algum tempo, que sacrificar-se mais um pouco numa determinada tarefa, compense o desgaste com um período de descanso proporcional e adequado.

7. Por quanto tempo devemos discursar?

Você deve falar pelo tempo necessário, de acordo com a importância. Como explicar? Vejamos: Quando o papa João Paulo II fazia uma declaração, ainda que quase inaudível, ele era importante o suficiente para falar o tempo que desejasse. Por outro lado, se for um presidente declarando guerra, teremos de escutá-lo até pela importância e repercussão do assunto. Como já foi falado: O tempo varia dependendo da importância do discurso e do orador.

Ouvi a respeito de líderes políticos que adoravam falar por um longo tempo e eram conhecidos pelos seus famosos e extensos discursos de 4 a 6 horas ininterruptos.

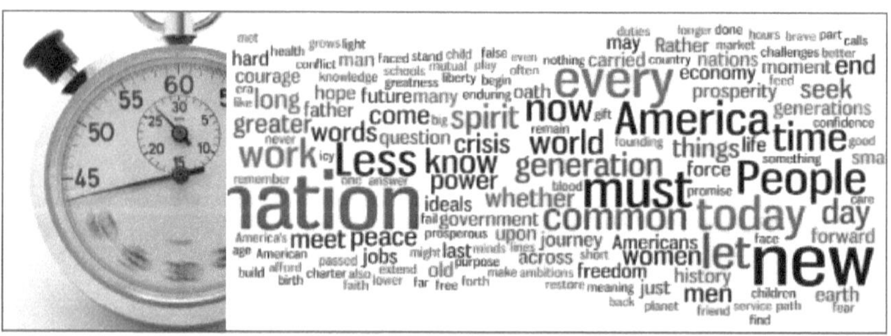

Quase sempre, pessoas que falam muito o fazem de improviso. Quem tem um texto pronto, já escrito, possui noções mais corretas de quanto tempo levará falando.

Depois de algum tempo de prática, você poderá simplesmente anotar os tópicos principais do assunto. A matéria já estará totalmente ordenada em sua mente e as anotações servirão apenas para que não esqueça nenhum detalhe. Vamos discorrer sobre os tempos considerados ideais:

a) Saudação a um palestrante ou conferencista.

O palestrante é apresentado por alguém já conhecido dos espectadores. A saudação não deve durar mais de 3 minutos.

b) Palestras, simpósios.

Normalmente um palestrante é convidado para falar sobre a sua especialidade. Os empresários com frequência recorrem a especialistas em finanças para verdadeiras aulas de como enfrentar o mercado naquele momento especial. Geralmente, esta fala dura em torno de 1 hora. Mais do que isso vai cansar a plateia, também não se deve falar por pouco tempo, pois os empresários que pagaram se sentiriam frustrados.

c) Reuniões de diretoria.

A menos que você tenha de ler um relatório enorme, o ideal é falar de 1 a 3 minutos. Se você se estender demais, vai tirar toda a atenção do foco principal da reunião.

d) Agradecimento.

Você foi homenageado, recebeu uma promoção, enfim, vai ter de agradecer. Não fale mais de 3 minutos para não parecer o orador principal.

e) Políticos ou ideológicos.

Talvez você tenha de defender uma ideia perante outras pessoas, ou então é candidato a certo cargo. Treine o seu discurso para não ser muito rápido nem tão longo. O ideal é falar de 3 a 5 minutos. No caso de um comício, falar muito pouco pode frustrar a multidão. Não precisa discursar por 6 horas como Fidel Castro. O tempo ideal é de 10 a 25 minutos.

f) Para vender.

Se você vai vender um produto, ou mostrar a qualidade dele para várias pessoas, fale durante 3 a 5 minutos.

g) Religiosas.

No caso de discurso religioso, o tempo pode se variar de acordo com a ocasião:

1) Sermão (20 a 35 minutos)
2) Casamento (10 a 20 minutos)
3) Reza/Oração pública (2 minutos)
4) Bar Mitzvá ou Batizado (5 minutos)
5) Funeral (10 a 20 minutos)

8.   Sobre o 'falar de improviso'.

Um bom discurso é sempre aquele que exige menos dependência de recursos externos, como um esboço, pois esse vem do coração. Em sentido mais amplo, do fundo da alma. Pois a forma natural de se expressar afeta o ritmo das palavras dando ao discurso um sabor mais natural. Um dos fatores que mais pode prejudicar uma boa apresentação é a perda da autenticidade. Isso eu tenho experimentado em minha própria e pequena experiência.

Já li diversas obras de oradores famosos que dominavam muito bem o poder da oratória e da retórica. O que pude concluir é que todos parecem concordar com essa mesma ideia. Porém, existem algumas desvantagens em iniciar um discurso sem a preparação prévia de um esboço bem organizado. Vejamos:

1. Corre o risco de perder a linha de raciocínio;
2. Pode cometer erros em afirmação;
3. Não pode citar tantos textos, ilustração e exemplos como o que tem um esboço;
4. Pode perder o objetivo principal do discurso;
5. Pode entrar em contradição.

É claro que esses argumentos são relativos, esses são os casos mais comuns de acontecer entre os oradores quando se trata de falar de improviso.

Nem sempre a técnica de apresentação mais apropriada para algumas pessoas, em certas ocasiões, poderá ser a mais indicada para outras, em circunstâncias diferentes.

Falar de improviso não significa apenas discorrer sobre um assunto desconhecido como muitos imaginam. É, sim, desenvolver o raciocínio enquanto se expressa com ou sem planejamento anterior. Vejamos algumas formas de improviso:

A primeira, é chama de *"esquema mental"*, o orador divide a apresentação em partes, para que os pontos sejam lembrados com mais facilidade.

 A segunda é o *"improviso planejado com auxílio de um roteiro escrito"*, em que a pessoa escreve uma sequência de frases, lê e comenta o assunto com o público.

A terceira é chamada de *"improviso planejado com o auxílio do cartão de notas"*. Nesse caso, a ideia é escrever uma série de palavras-chave em um pedaço de papel do tamanho da palma da mão. Assim é possível bater os olhos e ficar sabendo se a sequência está sendo seguida corretamente. O roteiro escrito dá segurança e liberdade para que o raciocínio seja desenvolvido. O apresentador, no entanto, deve deixar claro para o público que está olhando as notas, ou poderá soar artificial.

O quarto e último tipo de improviso, o *"inesperado"* — que geralmente acontece durante encontros informais, reuniões ou evento.

Se falar de maneira organizada, com preparo, com ensaio, com um discurso pronto já é difícil, de improviso então, somente poucos privilegiados tem a calma suficiente, nessa hora para dar a impressão de que sabe o que está fazendo. Para isso não podemos nos iludir achando que da noite para o dia uma pessoa pode ser preparada para falar de improviso e envolver a plateia.

Porém, um orador bem disciplinado e prudente, não deixará de fazer uso desses recursos. Até porque um orador experiente conseguirá conciliar as duas formas, tanto falar de improviso como falar com o apoio de recursos externos. Isso acontece porque a sua larga experiência o tem organizado de forma sistemática em sua mente fazendo com que ele tenha bagagem suficiente para falar com menos dependência de recursos.

9. Dicas de comunicação e expressão

Muitas pessoas falam demais e se comunicam de menos. Quando necessitamos dizer algo, é instintivo o desejo de falar imediatamente. No entanto não é o ideal para uma boa comunicação. O diálogo é a comunicação entre duas ou mais pessoas. Já o monólogo, é quando apenas uma pessoa fala.

Algumas pessoas não diferenciam uma situação da outra e acabam falando demais. Por uma série de fatores, é importante que você seja um bom ouvinte:

a) As pessoas gostam de ser ouvidas e se sentirão prestigiadas por você.
b) Você captará melhor toda a exposição do outro.
c) As ideias do outro podem ser importantes ao desenvolvimento daquilo que será dito por você em seguida.
d) Pessoas que falam demais são muitas vezes consideradas como chatas.

DICAS PARA FALAR MELHOR

1. **SEJA VOCÊ MESMO** – Essa é a primeira e maior dica de como falar melhor: a naturalidade acima de tudo. Nenhuma técnica poderá ser

mais importante que a sua naturalidade. Aprenda, aperfeiçoe, progrida, mas ao falar seja sempre natural.

2. **PRONUNCIE BEM AS PALAVRAS** – Pronuncie completamente as palavras. Principalmente não omita a pronuncia dos "s" e "r" finais e dos "i" intermediários. Por exemplo: fale primeiro, janeiro, terceiro, precisar, trazer, levamos, e não janero, tercero, precisá, trazê, levamo. Portanto, pronuncie todos os sons corretamente.

3. **FALE COM BOA INTENSIDADE** – Se falar muito baixo, as pessoas que estiverem distantes não entenderão suas palavras e deixarão de prestar atenção. Também não deverá falar muito alto porque, além de se cansar rapidamente. Poderá irritar rapidamente os ouvintes. Fale numa altura adequada para cada ambiente. Nunca deixe, entretanto, de falar com entusiasmo e vibração. Se não demonstrar interesse por aquilo que transmite, não conseguirá interessar sua plateia.

4. **FALE COM BOA VELOCIDADE** – Não fale rápido demais. Se a sua dicção for deficiente será ainda mais grave, já que dificilmente alguém conseguirá entendê-lo. Também não fale muito lentamente, com pausas prolongadas, para não entediar os ouvintes.

5. **TENHA UM VOCABULÁRIO ADEQUADO** – Um bom vocabulário tem de estar isento de excesso de termos pobres e vulgares, como as gírias. Por outro lado, não se recomenda um vocabulário repleto de palavras difíceis e quase sempre incompreensíveis. Evite também o vocabulário especifico de sua profissão diante de pessoas não familiarizadas com esse tipo de palavreado.

6. **TENHA INÍCIO, MEIO E FIM** – Toda fala, seja numa simples conversa ou numa apresentação para uma grande plateia, precisa ter início, meio e fim. Parece óbvio, mas não é. Planejar como será o início, meio e fim é fundamental antes de uma apresentação em público.

7. **FALE COM ENTUSIASMO** – Vibre com sua mensagem, demonstre emoção e interesse nas suas palavras e ações. Assim, terá autoridade para interessar e envolver seus ouvintes.

10. Como responder perguntas da plateia

Quando estamos falando em público e alguém no meio da plateia levanta o braço, demonstrando o desejo de fazer uma pergunta, nós nos sentimos desafiados, por mais que conheçamos o assunto, por mais que nós tenhamos preparado para a apresentação e por mais que tenhamos previsto a possibilidade de que as pessoas pudessem nos questionar. Nós nos sentimos desafiados porque aquele gesto carrega uma série de fatores que precisam ser considerados, em um tempo muito rápido, em poucos segundos, antes, durante e depois de a pergunta ser formulada.

Por que uma pessoa, no meio da plateia, resolve se expor fazendo uma indagação, mesmo correndo o risco, por menor que seja, de ser mal interpretada, de não conseguir concatenar bem suas ideias e formular mal a questão, de parecer despreparada pelo fato de a pergunta não estar no nível da exposição, de ser considerada inconveniente e tantos outros motivos que poderiam prejudicar sua imagem?
Algumas pessoas até nem chegam a se preocupar com esses perigos quando fazem uma pergunta, mas que eles existem, existem.

Por que as pessoas perguntam?
Vamos analisar alguns dos motivos que levam uma pessoa a fazer perguntas:

- **por dúvida** - quando não compreende perfeitamente o que está sendo transmitido;
- **por vontade de aprender** - quando assimila as informações fornecidas, mas deseja saber mais sobre o assunto;
- **por necessidade de se destacar no ambiente** - quando deseja ser notado pelas outras pessoas que formam o auditório, independentemente de ter entendido ou não o que está ouvindo;

- **para provocar** - quando deseja atrapalhar o desenvolvimento da apresentação por causa da hostilidade que nutre contra o tema ou contra o próprio orador;
- **para testar os conhecimentos de quem fala** - quando deseja certificar-se da segurança do orador sobre a matéria;
- **para projetar e valorizar a sua imagem** - quando deseja demonstrar que é uma pessoa inteligente ou bem preparada e está acompanhando o raciocínio do orador ou que possui outras informações sobre a matéria.

Entender qual o motivo que leva uma pessoa a fazer uma pergunta é importante também para que possamos analisar se a questão é adequada ou não ao assunto da apresentação, ou aos objetivos da plateia.

Quando uma pergunta é feita motivada por dúvida ou vontade de aprender, as chances de que ela seja apropriada são maiores; quando, entretanto, é feita motivada por necessidade de se destacar no ambiente, para provocar, para testar os conhecimentos de quem fala, ou para se projetar ou valorizar a imagem, são grandes as possibilidades de que ela seja inadequada.

Uma pergunta pertinente, apropriada ao tema da exposição e aos interesses da assistência, ajuda a promover maior interação entre o orador e a plateia.

Ao contrário, uma pergunta inadequada, sem relação com o assunto apresentado e distante das razões que levaram os ouvintes àquele evento, poderá afastá-los do apresentador e prejudicar a concentração do grupo.

Quando responder (ou não) uma pergunta

Quando uma pergunta é feita quase sempre temos a tendência de respondê-la, ou porque julgamos que por ter sido formulada deveria ser respondida de qualquer maneira, ou porque, até por vaidade às vezes, se tivermos as informações, somos inclinados a respondê-la para demonstrar à plateia que estávamos preparados para superar esses "desafios".

Se a pergunta for apropriada é lógico que deveria ser respondida, pois estaria, conforme vimos, possibilitando maior interação com a platela. Se, entretanto, a pergunta for inadequada, poderíamos tentar uma adaptação, reformulá-la e torná-la apropriada para o assunto da nossa exposição e respondê-la.

Agora, se não for possível fazer essa reformulação e tivermos consciência de que de nenhuma maneira ela se tornaria apropriada, para o benefício do bom resultado da apresentação temos que ter a lucidez e até a humildade de não dar a resposta, e de uma forma delicada dizer que a questão foge um pouco da sequência planejada para a exposição, mas que seria possível conversar sobre o novo tema no final, depois de encerrar o evento.

Como enfrentar a pergunta

Independentemente de a pergunta ser apropriada ou não, é importante ouvi-la atentamente até o final (exceto nos casos em que a pessoa transforma a pergunta num discurso, pois nesta circunstância, precisamos interrompê-la para que não afaste a concentração da plateia) e demonstrar na fisionomia e na expressão corporal uma atitude serena, atenta e interessada em resolver as dúvidas dos ouvintes.

Nunca devemos menosprezar alguém com observações depreciativas pelo fato de ter feito perguntas indevidas. Se agirmos assim, poderemos ser interpretados como alguém prepotente, arrogante e assim estaremos angariando a antipatia da plateia.

Sempre que julgarmos necessário, devemos repetir a pergunta para nos certificar de que compreendemos bem a questão e para dar outra oportunidade para que os ouvintes também possam entender de forma correta o que foi questionado.

Se a pergunta for hostil com relação à nossa pessoa ou ao tema tratado, ao repeti-la devemos reformulá-la, procurando substituir as expressões agressivas, para tentar suavizar o ataque e tornar mais amena a tarefa de dar respostas que evitem o confronto com o ouvinte ou até mesmo, às vezes, com uma parcela do auditório.

Outra prática bastante conveniente é a de valorizar a pergunta antes de começar a respondê-la, pois ao comentarmos que aquela questão é fundamental, apropriada para o assunto, que foi levantada no momento oportuno, estaremos enaltecendo a iniciativa do ouvinte que se sentirá recompensado e ao mesmo tempo, o que é até mais importante, estaremos aumentando a concentração da plateia que desejará ouvir a resposta para aquela questão que foi julgada oportuna pelo orador.

Precisamos ficar atentos para não sermos repetitivos e não valorizarmos as perguntas sempre da mesma forma todas as vezes, dizendo por exemplo, "Muito importante esta questão", ou "Bem colocada esta pergunta". Se pensarmos melhor poderemos encontrar maneiras diferentes e criativas de valorizar as perguntas.

Se a pergunta for hostil e agressiva, o fato de iniciarmos a resposta valorizando a iniciativa do ouvinte poderá contribuir para o sucesso da nossa explanação.

Nesta circunstância, depois de repetir a pergunta, com o cuidado de reformulá-la para suprimir as expressões agressivas, poderíamos aumentar nossas chances de sucesso valorizando o questionamento e demonstrando assim que estamos tão confiantes e tranquilos de nossa posição que ficamos satisfeitos com a oportunidade de falar sobre o tema. Poderíamos dizer por exemplo:

" Foi muito importante o senhor ter levantado esta questão porque assim me dá a oportunidade de esclarecer alguns pontos que não foram divulgados de maneira conveniente e que levaram algumas pessoas a tirar conclusões totalmente distorcidas".

Uma dica importante - Quando alguém faz uma pergunta sem o uso de microfone, geralmente, até pelo fato não estar "aquecido" como o orador, se expressa com volume de voz muito baixo e nós temos a tendência de nos aproximarmos para tentar ouvir melhor o que ele está dizendo.

Quanto mais nós nos aproximamos, mais baixo será o volume da sua voz. Porém, se for importante que a plateia ouça a pergunta para poder se interessar pela questão, precisamos refrear essa tendência natural e nos afastarmos do ouvinte que nos questiona, pois assim ele se obrigará a falar mais alto e todos poderão ouvir o que está dizendo.

Como se comportar ao dar a resposta

Depois de termos ouvido atentamente a pergunta, repetido para nos certificarmos de que a compreendemos bem, julgado sua propriedade para o assunto e valorizado a iniciativa de quem a formulou, devemos iniciar a resposta olhando na direção de quem fez o questionamento; em seguida nossa comunicação visual tem de ser distribuída para todos os ouvintes, para que fique claro que a explanação é feita para a assistência em geral e no momento de encerrar devemos voltar a falar na direção do autor da questão, simbolizando com esta atitude que a sua pergunta foi respondida.

A sessão de perguntas e respostas poderá ser facilitada se combinada no início

Se o orador possuir larga experiência no assunto, longo tempo para falar e estiver diante de uma plateia reduzida (menos de 100 pessoas), poderá abrir espaço para as perguntas logo no princípio e ficará à vontade para responder às questões, desde que sejam consideradas apropriadas. Diante de plateias maiores talvez seja interessante receber as perguntas por escrito e respondê-las no final.

Se o orador não se sentir tão seguro sobre a sua apresentação, seria mais apropriado deixar as perguntas para o final, pois seu raciocínio não seria interrompido durante a exposição e no encerramento as questões talvez ocorressem em menor número ou até nem fossem formuladas.

Se entretanto, mesmo dominando o assunto, mas com tempo reduzido ou suficiente apenas para transmitir as informações planejadas, abrisse para perguntas sem nenhum critério, ou não conseguiria expor toda a mensagem planejada, ou não cumpriria o tempo estipulado.

Por isso é interessante sempre que possível, principalmente nesta última hipótese, combinar com a plateia como será o tratamento dispensado às perguntas. Poderíamos dizer, por exemplo:

"Gostaria muito que todos participassem com perguntas sempre que desejassem, porque assim poderei dirigir as informações de acordo com o interesse do grupo. Entretanto, tenho um tempo estipulado para a apresentação. Então vamos combinar o seguinte: se a pergunta estiver dentro do ponto abordado no momento, responderei a questão imediatamente; se eventualmente, o problema fugir do objetivo de nossa reunião, pedirei que me procurem no final para conversarmos a respeito".

Assim, com tudo combinado, será mais fácil para responder, pedir que aguardem um pouco mais, ou deixar o assunto para depois da apresentação.

Outra dica - Não existe nada mais desagradável numa apresentação do que o orador insistindo com a plateia para que façam perguntas e os ouvintes parados, sem a mínima vontade de perguntar. Às vezes, o apresentador insiste tanto que alguém na assistência, até como atitude de solidariedade, levanta uma questão sem nenhuma ligação com o assunto, só para participar e atender ao apelo do orador. Se ninguém se manifestar o melhor que temos a fazer é continuar dentro do nosso esquema planejado. Podemos sim, incentivar o público a fazer perguntas dizendo: "Vocês devem estar perguntando", ou "Uma pergunta que me fazem com frequência é", ou se fizermos outras colocações semelhantes.

11. Crie o hábito de escrever seus discursos

O hábito de escrever sermões deve ser cuidadosamente considerado.
Muitos oradores jamais escrevem qualquer sermão; poucos escrevem todos. De modo geral, a redação de esboços ou sermões completos tem sido gravemente negligenciada. As vantagens de se escrever os sermões, no entanto, excedem de longe as desvantagens. Essas vantagens devem ser avaliadas.

a) Escrever ajuda grandemente o trabalho da preparação, tornando mais fácil a concentração no tema. A aplicação mental é facilitada por qualquer ação corporal apropriada. Escrever envolve um elevado grau daquele controle do corpo que tanto contribui para o controle da mente. Ao mesmo tempo, tem a vantagem de possuir uma relação natural mais próxima com o pensamento de qualquer outro ato, exceto a própria fala. De fato, todo mundo sabe o quanto a escrita ajuda a evitar que os pensamentos divaguem.

b) Escrever um discurso também requer uma preparação mais detalhada. A pessoa que se prepara sem escrever pode levar a cabo todos os desenvolvimentos e expansões dos seus pensamentos até onde o discurso puder levá-los; mas quem o escreve tem de fazê-lo, é compelido a isso.

c) Além disso, escrever ajuda a desenvolver um melhor estilo. De forma geral, um discurso não escrito não consegue se igualar ao discurso escrito em correção gramatical, em precisão, concisão, lisura e polimento retórico. Essas são propriedades muitíssimo importantes no estilo, particularmente com relação às exigências de alguns públicos, ocasiões ou temas.

d) O hábito de escrever os discursos e sermões tende a ajudar o orador de várias outras formas. O discurso escrito pode ser usado em ocasiões subsequentes sem a necessidade de nova preparação e, assim, frequentemente poupa bastante tempo e trabalho. Os sermões permanecem para publicação, caso se venha a desejar. Muitos oradores realmente excelentes, muitíssimos úteis para sua época, não deixaram senão um nome efêmero, a desvanecer. O orador bem-sucedido tem agora muitas oportunidades de publicar e poder aumentar sua influência aproveitando essas oportunidades. Portanto, escrever tem uma série de vantagens, faça uso disso.

12. Como evitar o bloqueio de ideias

Muitas vezes e dada a quantidade de mensagens que já temos discursado, sentimos a necessidade de manter o nosso auditório atualizado e com mensagens frescas e prontas a serem consumidas rapidamente. É isso que eles procuram na hora de ouvir o seu discurso, pelo que é perfeitamente normal que sinta a necessidade de atualizar seu repertório regularmente. No entanto, com essas necessidades chegam também os problemas. Muitas vezes irá se sentir bloqueado e sem inspiração para discursar. Acontece comigo às vezes.

Para isso, é importante ter um método que possa ajudá-lo a ultrapassar uma fase de menor inspiração. Existem alguns que funcionam muito bem comigo e que pode funcionar com você também.

a) Mantenha-se atualizado

Dependendo da área que você exerce, é perfeitamente possível conseguir manter-se atualizado com notícias e novidades regulares que vão saindo no ramo que você próprio acompanha. Para manter-se atualizado é necessário desprender-se de algum tempo para dedicar-se à leitura e outros recursos possíveis, tais como: Jornais, revistas, livros, internet, noticiários, vídeos, companheiros de profissão ou de ministério, palestras, seminários, etc. Atualmente, existem hoje nas bancas de revistas, artigos na internete para os mais variados seguimentos. Assista palestras de outros oradores. Pense na possibilidade de fazer uma reciclagem no ramo em que você atua.

b) Ouça mensagens ou discursos de outros oradores

Manter-se atualizado sobre o que os outros oradores estão discursando ou escrevendo é muito importante para a criação de um maior fluxo de ideias em sua mente. Procure conhecer os outros oradores de seu nicho, escreva-os, mantenha-se atento ao que eles estão dizendo. Aproveite para construir uma relação de amizade e profissionalismo com alguns deles.

c) Releia seus discursos antigos

É com regularidade que muitos oradores por vezes se esquecem do potencial existente em antigos discursos. Muitas vezes existem discursos e sermões que nunca chegaram a atingir o estrelato simplesmente porque eram incompletos na época ou estavam mal otimizados ou não estava totalmente amadurecido. Com isso poderá aproveitar algumas das ideias descritas e formular um novo sermão abordando o assunto de uma forma mais acentuada.

d) Anote tudo o que vier à mente

Tenha como método, o hábito de anotar todas as ideias que vier à mente. Mesmo que pareça irrelevante no momento. Uma das pessoas que me causou enorme influência na minha juventude foi o Reverendo Isaac Martins Rodrigues da cidade de Abreu e Lima do estado de Pernambuco. Certa vez o ouvi dizer:

"Sempre que vier uma ideia ou uma mensagem em sua mente, anote. Pode não fazer diferença para você agora, mas poderá fazê-lo depois". Nunca me esquecerei destas palavras e até aqui tem funcionado muito bem.

13. O auditório e os seus componentes

Esta é a parte que mais gosto de abordar em minhas palestras sobre oratória. Isso porque quando você compreende o seu universo ao redor (o auditório, o local, o púlpito, etc.), fica mais fácil tirar um raio-X do ambiente e manter um total controle da situação.

Existem vários fatores para que um bom discurso tenha o sucesso esperado. Não basta ligar o som e colocar a boca no trombone. São necessários alguns cuidados especiais no que se refere ao auditório e os seus componentes, tais como: O local, o som, o microfone, etc.

Tentarei ser o mais claro e objetivo possível ao falar de forma resumida sobre cada um deles.

a)   O auditório

É necessário o conhecimento prévio do auditório; é também muito importante que o orador chegue alguns minutos antes do momento em que vai discursar. Durante este período de tempo, deve-se fazer para si as seguintes perguntas:

Qual o nível educacional da maior parte do auditório?
Quais são seus interesses, hábitos e desejos?
Qual a sua religião?
Qual a sua cultura, costumes, etc.?
Fale com o auditório, faça perguntas, envolva-os.
Fale a língua dos seus ouvintes. (Não me refiro ao idioma, mas a forma de se fazer compreendido).

Estes conceitos são muito importantes. Portanto, sempre procure falar de maneira que seu auditório entenda e sempre procure saber a que tipo de auditório você está discursando.

b) O microfone

Para um bom discurso, existem distâncias adequadas entre o orador e o microfone. Dependendo da capacidade, deve-se variar entre:

10 a 15 cm, na introdução da mensagem.
20 a 50 cm, no calor da eloquência.

As curtas distâncias tornam-se mais clara e distinta a sua voz; contudo, deve haver cuidado em não se aproximar demasiadamente, pois do contrário, o som dos lábios e a respiração podem perturbar.
Procure não a deixar na frente do rosto, para não dificultar o auditório ao ver seu semblante, A distância correta deve ser:

Ao nível do queixo na introdução.
De 1 a 5 cm, abaixo do mesmo na dissertação.

Se for preciso segurar o microfone com as mãos para se movimentar no púlpito, o cuidado com o jato de voz deverá ser o mesmo; nesse caso, não movimente a mão que segura o microfone e deixe-o sempre a mesma distância.

c) O local

É conveniente averiguar onde o sol estará batendo no horário estabelecido para a apresentação, isto porque dependendo da sua posição, poderá atrapalhar a visão de quem fala e de quem ouve. Não tente pregar contra o vento, pois poderão ser mal-ouvidos. Preguem de modo que o vento leve sua voz em direção ao povo, em vez de soprá-la de volta a sua garganta, ou terão que engolir suas próprias palavras.

d) O púlpito

O púlpito é, sem dúvida, o lugar central do auditório. Dependendo do local da concentração, ele deve ser chamado conforme a definição correta:

Púlpito (em um templo religioso).
Escabelo (numa pequena reunião ao ar livre).
Tribuna (numa concentração de médio porte).
Plataforma (numa concentração de grande porte).

Não importando o formato do púlpito, deve-se ter um tamanho apropriado. Alguns deles são tão altos que fazem rodar a cabeça dos ocupantes, e dão torcicolos naqueles que olham durante qualquer espaço de tempo para o palestrante lá no alto.

e) O som

Muitos oradores não têm se preocupado com esta parte nas reuniões. Entretanto, ele é bastante necessário. No que tange ao fraco ou forte, deve haver também boa regulamentação, a fim de que o mesmo não se torne indesejável, a ponto de gerar doenças e mal-estar nos ouvintes.

f) O discurso

Quem fala precisa ter a sensibilidade suficientemente desenvolvida para entender as intenções dos ouvintes. A nossa mensagem deve ser apresentada de maneira tal, que as pessoas sintam nelas a orientação adequada.

g) A aplicação

A aplicação é a arte de persuadir e induzir os ouvintes a entenderem a verdade anunciada, e, sobretudo, praticá-la na vida. Assim, o elemento principal da aplicação é a persuasão.

Mesmo que o discurso primariamente seja de cunho religioso, ou seja, com objetivo proselitista, deve ser dirigido a todos, sem distinção de sua condição. Isso evita constrangimento. Nunca se deve discursar aplicando-as à uma ou poucas pessoas, exceto se o discurso é anunciado numa solenidade especial, aí se deve fazer uma aplicação específica; por exemplo: aniversário, casamento, formaturas, etc.

h) A conclusão

O orador não deve deixar para dizer qualquer coisa ao final de um belo discurso. Certamente ele terá muita dificuldade em concluir o que se propôs a apresentar. A conclusão deve recordar todo o assunto apresentado. É bom que não se gaste mais de três ou cinco minutos na conclusão, caso contrário, dará a entender que o orador pretende começar novo discurso. Por isso, não deve dar a impressão de que vai terminar, usando as frases: *"por último"*, *"finalmente"*, *"concluindo..."*, se de fato ele não vai terminar a mensagem após os últimos pensamentos expostos.

O orador não deve ficar preso ao esboço (caso tenha), ou qualquer outra anotação na conclusão do sermão.

i) O apelo

Não se deve confundir apelo com "apelação". Ademais, é o orador quem sabe quando e em que circunstância deve apelar ao coração dos seus ouvintes. Muitas vezes é melhor esperar. Pois como se diz entre os melhores palestrantes: "Fazer apelo é como procurar frutos numa árvore; se balançarmos normalmente cai os maduros; mas se insistirmos demais, cai também os verdes".

14. Principais tipos de microfones

Quando se fala para um grande número de pessoas, é necessário garantir que todos o escutarão. Nos tempos primitivos usava-se um chifre em forma de cone para ampliar a voz. Havia também o recurso de colocar pessoas a cada 50 metros repetindo as palavras do orador. Os egípcios, os gregos e os romanos chegaram a confeccionar megafones razoavelmente eficientes para as suas épocas.

Hoje, felizmente, dispomos de instrumentos sofisticados para ampliar e irradiar a voz, além de equipamentos audiovisuais úteis para ilustrar aplicações. Tem a finalidade de conduzir a voz até amplificadores ou sistemas de difusão da voz, sendo encontrado de vários tipos de microfones:

- *De pedestal.*

Deve ser ajustado para ficar a uma distância de 5 a 10 cm de sua boca na introdução da mensagem e de 20 a 50 cm no calor da dissertação, dependendo do seu timbre de voz. Se notar microfonia, ruído estridente para falar dê um sorriso discreto para quem controla o som a fim de que os mesmos cuidem do problema. Lembre-se, oradores não são cantores nem repórteres, por isso evite falar com microfone na mão.

- *De lapela.*

Muito usado em programas de televisão, ultra-sensíveis e de controle remoto (sem fio). Ideal para reuniões que devem ser gravadas.

- *De mesa ou tribuna.*

Fixados em mesas ou tribunas, são de pouca mobilidade e corpo curto. Um verdadeiro terror para os oradores com baixo volume de voz.

- *Head microfone.*

Fica preso na cabeça com um arco, cuja haste mantém o microfone na frente da boca (muito usado por telefonistas), também de controle remoto. Logicamente, microfones de má qualidade atrapalham, mas o sistema de difusão também é importante. Teste todo o conjunto, se possível, antes da hora de seu discurso, antes mesmo de o público chegar.

15. Como usar o microfone corretamente

Seria difícil imaginar os dias de hoje sem a presença do microfone. Sua utilidade é incontestável. Ele permite que a comunicação do orador seja mais natural e espontânea, possibilitando falar a grandes plateias da mesma forma como se conversa com uma ou duas pessoas.

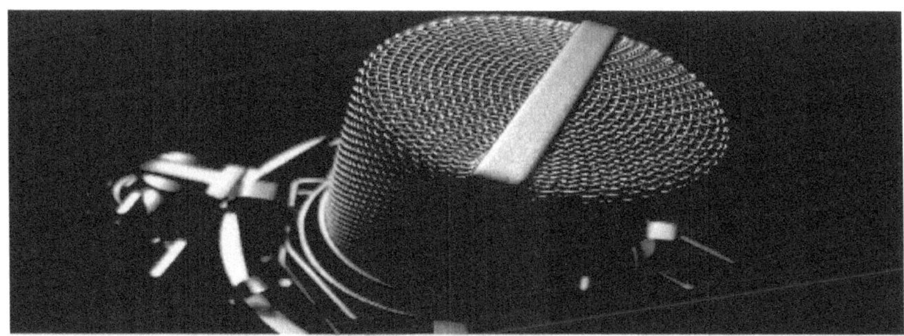

Mesmo possuindo todas essas qualidades, o microfone, muitas vezes, é visto como um terrível inimigo, chegando a provocar pânico em determinados oradores, principalmente naqueles menos habituados com a tribuna.

Isso ocorre por não se observar certos procedimentos elementares, mas de capital importância a uma boa apresentação. Vejamos, de forma resumida, o que deve ser feito para o bom uso do microfone:

Microfone de lapela

Este tipo de microfone praticamente não apresenta grandes problemas quanto à sua utilização; ele é preso na roupa por uma presilha tipo "jacaré", de fácil manuseio.

É muito útil quando se pretende liberdade de movimentos na tribuna. Para usá-lo bem, basta atentar aos itens que passaremos a comentar.

a. Ao colocá-lo na lapela, na gravata ou na blusa, procure deixá-lo na altura da parte superior do peito, pois ele possui boa sensibilidade e a essa distância poderá captar a voz com perfeição.

b. Enquanto estiver falando, não mexa no fio. É comum observar oradores segurando, enrolando, ou torcendo o fio do microfone. Já presenciamos casos que se mostraram cômicos; em um deles, sem perceber, o orador começou a enrolar o fio do microfone e, quando chegou ao final da apresentação, assustou-se ao verificar que está com mais de dois metros de fio nas mãos.

c. Outra precaução importante a ser tomada ao usar o microfone de lapela é a de não bater as mãos ou tocar no peito com força, próximo ao microfone, enquanto estiver falando, porque esses ruídos também são ampliados, prejudicando a concentração e o entendimento dos ouvintes.

d. É perigoso fazer comentários alheios ao assunto tratado de qualquer microfone, porque sempre poderão ser ouvidos. No caso do microfone de lapela o problema passa a ser muito mais grave por causa da sua alta sensibilidade. Ele permite captar ruídos a uma considerável distância. Isto sem conta que, preso na roupa, sempre o acompanhará.

e. Talvez não seja necessário fazer este tipo de comentário, mas como já presenciamos inúmeros ocorridos desagradáveis, vale a pena alertar o orador para que não se esqueça de retirar o microfone quando terminar de falar e for sair da tribuna.

Microfone de pedestal

Este tipo de microfone exige maiores cuidados para sua melhor utilização. É um microfone mais comum e encontrável na maioria dos auditórios. Veja agora o que deverá fazer para evitar problemas e melhorar as condições de sua apresentação.

a. Inicialmente verifique como funciona o mecanismo da haste onde o microfone se sustenta e se existe regulagem na parte superior onde ele é fixado. Treine esses movimentos, abaixando e levantando várias vezes a haste, observando atentamente todas as suas peculiaridades. Evidentemente essa tarefa deverá ser realizada bem antes do momento de se apresentar, de preferência sem a presença de nenhum ouvinte. Se isto não for possível, verifique a atuação dos outros oradores mais habituados com o local e como se comportam com o microfone que irá usar.

b. Já familiarizado com o mecanismo de regulagem da altura, teste a sensibilidade do microfone para saber a que distância deverá falar. Normalmente a distância indicada é de dez a quinze centímetros, mas cada microfone possui características distintas e é prudente conhecê-las antecipadamente. Se durante o teste estiver acompanhado de um amigo ou conhecido, peça que ele fique no fundo da sala e diga qual a melhor distância e qual a altura ideal da sua voz.

c. Ao acertar a altura do microfone, procure não deixar na frente do rosto, permitindo que o auditório veja o seu semblante. Deixe-o a um ou dois centímetros abaixo do queixo.

d. Ao falar, não segure na haste e fale sempre olhando sobre o microfone; dessa forma o jato da voz será sempre captado: assim, quando falar com as pessoas localizadas nas extremidades da sala, ou sentadas à mesa que dirige a reunião, normalmente posicionada no sentido lateral, gire o corpo de tal maneira que possa sempre continuar falando com os olhos sobre o microfone.

e. Fale, não grite, isso mesmo, aja como se estivesse conversando com um pequeno grupo de amigos. Isso não quer dizer que deverá falar baixinho, sem energia; ao contrário, transmita sua mensagem animadamente, com vibração, mas sem gritar.

f. Se for preciso segurar o microfone com a mão para se movimentar na tribuna, o cuidado com o jato de voz deverá ser o mesmo; nesse caso não movimente a mão que segura o microfone e deixe-o sempre à mesma distância.

Microfone de mesa

O microfone de mesa requer os mesmos cuidados já mencionados, com a diferença de normalmente ser apoiado sobre uma haste flexível. Ao acertar a altura não vacile, faça-o com firmeza e só comece a falar quando tiver posicionado da maneira desejada.

Se lhe oferecerem um microfone no momento de falar, antes de aceitar ou recusar, analise algumas condições do ambiente. Se os outros falaram sem microfone e se a sala não for muito ampla e permitir que a voz chegue até os últimos ouvintes, sem dificuldade, poderá recusá-lo.

Se o microfone apresentar problemas e você perceber que eles persistirão, desligue-o e fale sem microfone. Não peça opinião a ninguém sobre essa atitude. A apresentação é sua e você é o responsável pelo seu bom desempenho. O microfone deve ajudar a exposição. Se, ao contrário, atrapalhar, é preferível ficar sem ele.

16. A estrutura de um discurso

Todo tipo de discurso, quer seja temático, textual, ou expositivo, precisa ser discursado de forma lógica e organizado. Este é o segredo para que os ouvintes entendam claramente. Portanto, é imprescindível que o orador tome muito cuidado com a estrutura do seu esboço. Sabemos que tudo precisa ter início, meio e fim. Com o discurso não é diferente.

Independentemente do tipo, ele deve ser estruturado com pelo menos quatro seções distintas:
Introdução, proposição, desenvolvimento e conclusão.

Não se deve menosprezar a importância de nenhuma destas quatro partes. Vejamos por que:

I. INTRODUÇÃO.

Desperta a atenção e simpatia dos ouvintes, mostrando a relação entre o texto e suas próprias vidas. Em sua elaboração procure responder à esta pergunta que estará na mente dos ouvintes: - *O que este texto tem haver comigo, para que eu preste atenção nesta mensagem?*

1. **Importância da introdução:**
    a) Desperta a atenção
    b) Ganha a simpatia

2. **Características da boa introdução:**
    a) Está ligada ao tema
    b) É interessante
    c) É clara e simples
    d) É breve e direta
    e) Conduz à "proposição"

3. **Erros a se evitar na introdução:**
    a) Ficar se desculpando
    b) Prometer uma grande mensagem
    c) Impressionar com palavras difíceis
    d) Tentar ganhar a simpatia com piadas
    e) Sobrecarregar a introdução com muitas informações
    f) Antecipar algum ponto que será dito mais tarde, no desenvolvimento
    g) Alongar-se

4. **Tipos de introdução:**
    a) Introdução temática
    b) Introdução textual
    c) Introdução circunstancial
    d) Introdução ilustrativa
    e) Introdução questionadora

II. PROPOSIÇÃO (Tese, Ideia Central, Tópico Frasal).

A proposição é a tese, ou ideia central, a qual deverá ser comprovada nos pontos do desenvolvimento. Em sua elaboração procure responder à esta pergunta que estará na mente dos ouvintes:

– Qual a finalidade desta mensagem?

A resposta é a proposição, que deve caber numa única frase. Por isso a proposição é também chamada de "tópico frasal". Apesar de a proposição caber numa única frase, não deve ser menosprezada. A sua maior importância está no fato de que toda a mensagem depende dela e gira ao seu redor.

1. Importância da Proposição:
   a) É o fundamento de toda estrutura do discurso
   b) Mantém a unidade do discurso
   c) Revela o propósito da mensagem
   d) Ajuda a fixar o tema na mente dos ouvintes
   e) Cria expectativa

2. Característica da boa proposição:
   a) Revela a ideia central do texto
   b) Expressa uma verdade
   c) Apresenta algo que será meditado no desenvolvimento
   d) É uma afirmação específica
   e) É uma declaração positiva
   f) Cabe numa única frase

3. Erros a se evitar na proposição:
   a) Criar expectativas que não serão satisfeitas no sermão
   b) Antecipar os pontos de desenvolvimento

4. Tipos de proposição
   A proposição pode ser:
   a) Uma verdade que será provada
   b) Um problema que será solucionado
   c) Uma necessidade que será satisfeita
   d) Um questionamento que será respondido

III.   CONCLUSÃO (Peroração)
Visa principalmente convencer os ouvintes a tomar uma decisão ou posicionamento favorável à mensagem. Em sua elaboração procure responder à esta pergunta que estará na mente dos ouvintes: – Por que é importante que eu mude a forma de pensar ou agir?

1. Importância da conclusão:
   a) Mostra que a mensagem atingiu seu objetivo
   b) Leva os ouvintes à tomar uma atitude

2. Características de uma boa conclusão:
   a) Encerra o assunto
   b) Reforça a aplicação da mensagem
   c) Enfatiza o positivo e não o negativo
   d) Incentiva o ouvinte a tomar a decisão certa
   e) Fala de forma direta e pessoal (segunda pessoa do singular, usando-se o "você")
   f) É simples e objetiva
   g) É, geralmente, breve
   h) Procura alcançar todos os grupos presentes

3. Erros a se evitar na conclusão:
   a) Explicar os pontos novamente (eles podem ser relembrados, e não explicados de novo)
   b) Incluir novas ideias
   c) Concluir friamente
   d) Terminar abruptamente
   e) Dizer algo engraçado (isto pode ser útil no desenvolvimento, jamais na conclusão)
   f) Alongar-se

4. Elementos que podem ser usados na conclusão:
   a) Recapitulação resumida dos pontos
   b) Uma breve ilustração

Resumindo, a estrutura de um discurso pode ser definida assim:
Na introdução atraímos a atenção do ouvinte, na proposição apresentamos uma verdade, no desenvolvimento esmiuçamos esta verdade e na conclusão incentivamos o ouvinte a tomar uma atitude, uma ação.

17. Como organizar discursos e sermões

É comum ouvir algumas pessoas afirmarem que não sabem organizar seus discursos ou sermões. Por isso, muitos recorrem ao 'Falar de improviso', ou seja, sem o uso de recursos externos, apenas com as ideias do momento.

Crie pastas para arquivar seus discursos. Você precisará de duas pastas, sejam elas de papel, plásticos, de trilho, suspensa, etc. De acordo com a sua necessidade.

Coloque uma etiqueta com o rótulo "DISCURSOS EM PREPARO" em uma das pastas. Pronto! Todos os discursos inacabados, incompleto serão depositados nesta pasta. Arquive todas as anotações, ideias, ilustrações, recortes de jornais, pensamentos ou qualquer conteúdo que achar necessário. Ela servirá como uma verdadeira fonte para um futuro discurso. Vá construindo seu sermão gradativamente dia após dia, na proporção que as ideias forem surgindo. Não se apresse para concluir um discurso. Muitas vezes é melhor deixar depurando.

Agora vamos para a segunda tarefa. Coloque uma etiqueta com o rótulo "DISCURSOS PRONTOS" na segunda pasta. Esta é a pasta que conterá seus discursos já concluídos, prontos para usá-los. Guarde as duas pastas sempre juntas uma da outra, assim ficará mais fácil organizar seus discursos e sermões.

Seja flexível! Sempre que um discurso precisar de atualização, devolva-o para a pasta intitulada "DISCURSOS EM PREPARO" para que você possa alterar, excluir ou adicionar novos conteúdos ou ilustrações. Deixa-o por lá até que esteja totalmente concluído e apto para retornar para a pasta "DISCURSOS PRONTO"

Crie o hábito de anotar tudo. Sempre que possível, mantenha papel e caneta sempre à mão. Eu por exemplo, costumo andar com uma caneta e um pedaço de papel no bolso da camisa. Faço isso há um bom tempo e até aqui tem funcionado muito bem.

Lembrem-se, novas ideias poderão surgir a qualquer momento e quando elas chegarem, não perca tempo. Anote-as! A inspiração não tem hora nem lugar para chegar em nossa mente. Pode ser no carro, no ônibus, na fila do banco, na sala de espera de um cartório (Como no momento em que escrevi este artigo), ou até mesmo debaixo do chuveiro.

Não se esqueça de ler livros ou ver um filme que tenha relação com sua atuação de trabalho. Isso ajuda-nos a manter nos sintonizados.

18. O poder da persuasão

Nos últimos meses tenho recebido vários e-mails de pessoas a pedirem artigos relacionados com discurso persuasivo. Gosta de conseguir persuadir o seu auditório a tomarem uma determinada decisão? A persuasão é geralmente uma técnica muito utilizada por oradores de topo, sempre com o objetivo de criar uma situação em que o orador ganha sempre, seja qual for o desfecho final.

Basicamente você apresenta algo com o qual o seu público provavelmente irá concordar. Embora estas dicas não estejam correlacionadas em nenhum sentido, são estratégias que funcionam na perfeição para quem as conseguir utilizar com mestria.

a) Conte uma história

Contar uma história (verídica) é muitas vezes uma das melhores estratégias para manter o seu público atento — Poderá e deverá utilizar esta técnica conjuntamente com alguma das outras técnicas que se encontram em baixo. A razão pela qual esta técnica funciona, muitas vezes está associada à forma persuasiva como o orador a utiliza.

As histórias são uma forma interessante de levar o público a persuadir-se a ele próprio, e basicamente é isso. Você provavelmente pode dizer que não consegue convencer ninguém a fazer nada — mas na realidade você só o vai ajudar a encontrar o caminho para tomar uma decisão.

Se você concentrar os seus esforços na produção de ilustrações realmente interessantes, rapidamente chegará à conclusão de que consegue persuadir o seu público a tomarem determinadas atitudes para as suas vidas, sejam espirituais, pessoais ou profissionais.

b) Promova a inclusão

O ser humano, por natureza, tem o hábito de se excluir. Isso significa que muitas vezes acabamos por excluir pessoas de determinados assuntos, o que invariavelmente pode ser negativo para o seu processo de persuasão.

Dê ao seu público a possibilidade de participarem de seu discurso ou sermão do qual eles gostem de fazer parte, independentemente do tipo, e eles provavelmente irão fidelizar-se à sua mensagem e rumar para qualquer local onde você decida estar.

c) Agite e depois resolva

Esta é das técnicas de persuasão mais interessantes que existem, e também uma das mais complicadas de colocar em prática. Basicamente, você identifica um problema junto da sua audiência, e posteriormente agita o discurso em torno desse problema, antes de oferecer uma solução para esse mesmo problema. É basicamente como "premir uma ferida e depois realizar um curativo". Você aumenta o problema, agita-o, e posteriormente apresenta uma solução para ele.

Obviamente que a questão do agitar o problema não tem propriamente a ver com sadismo; tem tudo a ver com empatia e credibilidade. O que você deseja é que o seu público perceba que você compreende o problema e que por ventura está a lidar com ele também e acima de tudo que tem experiência pessoal e profissional para o resolver. Quanto mais você fizer sentir aos seus leitores que compreende os seus problemas, maior será a credibilidade que advirá das soluções que apresentar.

d) Comparações

Metáforas, analogias e comparação são uma das melhores formas de conseguir persuadir um auditório. Quando você conseguir comparar o seu cenário com algo que o seu público sabe ser verdade, você provavelmente irá conseguir fazer com que esse mesmo público veja as coisas da mesma forma que você. Isso se chama persuasão.

Mas existem seguramente outros tipos de comparações. Geralmente você consegue ser mais persuasivo quando compara coisas diferentes do que propriamente coisas iguais.

e) Credibilidade social

Seguir os passos de alguém para tomarmos decisões na nossa vida profissional ou pessoal, é seguramente uma das técnicas mais persuasivas que existem. Quase todos nós temos alguém ou profissionais com os quais nos identificamos e procuramos seguir suas maneiras de ser e de agir. Esse tipo de credibilidade social é extremamente importante na linha de persuasão de que falamos.

Os exemplos de credibilidade social podem ser facilmente encontrados em testemunhos e referências exteriores, e seguramente que estas são uma das melhores formas de elevar a sua imagem. No entanto, você também pode utilizar elementos de credibilidade social em seus discursos, referindo-se a outros profissionais com os quais mantém uma amizade credível e que de alguma forma pode fazer com que o seu público sinta maior confiança.

f) Consistência

A consistência, tanto ao nível de pensamentos como de ações é extremamente importante numa estratégia de persuasão. Você provavelmente não gostaria de parecer inconsistente, uma vez que essa característica está diretamente ligada a instabilidade e fraqueza, e a consistência está associada a integridade, racionalidade e estabilidade.

Utilize essa consistência em um discurso, para fazer com que o seu auditório concorde com um determinado assunto para o qual existem centenas de pessoas a discordar. Basicamente você tem de se aliar a evidências, provas, suportes, e em última instância, utilizar algumas das outras técnicas descritas neste artigo.

g) As razões 'porque…'

Lembre-se da importância da utilização da palavra **porque**. Estudos de psicologia revelam que a probabilidade de uma determinada pessoa tomar decisão, aumenta exponencialmente a partir do momento em que você lhe der uma razão.

Se você pensar bem neste tipo de estratégia, ela faz todo o sentido. Ninguém toma uma decisão baseado em suposições. Todos nós necessitamos de uma boa razão para fazê-lo. Se você pretende, por exemplo, que o seu público atenda ao apelo do seu discurso, é muito importante que você lhes dê boas razões para o fazer.

h) Repetição

A repetição é crucial na estratégia de persuasão de qualquer orador. Obviamente que a repetição nem sempre é funcional, especialmente se for utilizada para aborrecer em vez de convencer.

De um ponto de vista positivo, utilize a repetição para expor as suas ideias e pontos de vista de várias formas diferentes, seja diretamente, utilizando exemplos, utilizando uma história, uma citação de um famoso, ou a partir de qualquer outra.

Você é persuasivo?

Quando você discursa, consegue persuadir o seu público a tomarem determinadas ações ou atitudes?

19. O perigo de plagiar outros oradores

Um bom estilo de discurso pode ser tão somente admirado, mas nunca imitado, pois o maior perigo da imitação é a perda de autenticidade e isso o auditório sente no ar. Use o seu próprio estilo de retórica. O orador não deve plagiar os outros oradores, embora todos nós possamos ser influenciados pelos nossos mestres ou pessoas habilidosas nessa área.

Não tente ser quem você não é, basta ser você mesmo. O maior problema do plagiador é que além de se preocupar com o roteiro e a retórica de um discurso, vive se preocupando também em interpretar o papel de seu "ídolo". Enfim, seja confiante em você mesmo.

SUCESSO!